CHRISTELLE HUET-GOMEZ

FOTOS VON DAVID JAPY

STYLING VON CHRISTINE LEGERET

ÜBERSETZT VON CHRISTINE FRAUENDORF-MÖSSEL

Kuchen (fast) ohne Teig

GESUNDER GENUSS MIT MEHR FRUCHT

JAN THORBECKE VERLAG

INHALT

DAS PRINZIP

WAS IST EIN KUCHEN (FAST) OHNE TEIG?

Zutaten: Ein delikater Eierkuchenteig und eine Menge dünn und blättrig geschnittene Früchte oder Gemüse.

Backvorgang: Die Früchte absorbieren den Teig, lassen ihn sozusagen verschwinden.

Nach dem Aus-der-Form-nehmen und beim Anschnitt: Die blättrig geschnittenen Früchte und Gemüsesorten beherrschen das Schnittbild, der Teig verschwindet.

Salzige Version: Außen wie eine Quiche, innen viel Gemüse und wenig Teig.

DIE FRÜCHTE SCHNEIDEN

Damit der Kuchenanschnitt verblüffend gut anzuschauen ist, sollten Früchte und Gemüse in möglichst lange, blättrige Stücke (Lamellen) geschnitten werden. So erscheinen diese im Anschnitt in gleichmäßiger, ordentlicher Schichtung.

Mit dem Gemüsehobel („Mandoline"): Stellen Sie die feinste Schnittstärke ein und schneiden das Obst oder Gemüse der Länge nach auf.

Mit dem Gemüsemesser: Mit einem scharfen Messer das Schnittgut der Länge nach in möglichst gleichmäßig dünne Scheiben schneiden.

Wählen Sie feste, frische Früchte oder Gemüsesorten, die beim Schneiden die Form behalten.

IN DER FORM

Die Frucht- oder Gemüse-Lamellen mit dem Teig so flach wie möglich in die Kuchenform schichten, damit eine möglichst ebene Oberfläche entsteht. Bei Kastenkuchen werden die Lamellen der Länge nach in die Form ausgerichtet, um das Aufschneiden zu erleichtern. Da der Teig sehr flüssig ist, sollte die Form auslaufsicher sein. Eine Springform am besten mit Backpapier auskleiden.

DEN KUCHEN BACKEN

Wenn die Oberfläche des Gebäcks sanft zu bräunen beginnt, diese mit einer Alufolie abdecken. Gegen Ende der Backzeit den Kuchen mit einer Messerklinge anstechen: Beim Herausziehen darf kein Teig kleben bleiben. Andernfalls den Kuchen erneut für 5 bis 10 Minuten in den Backofen schieben.

AUS DER FORM NEHMEN

Der Kuchen darf erst nach dem vollständigen Erkalten aus der Form genommen werden. Auf diese Weise lässt er sich problemlos aufschneiden, und die Schichten ergeben im Anschnitt ein schönes Bild. Aus diesem Grund kann ein „Kuchen ohne Teig" gut am Vorabend zubereitet werden. Besonders die salzigen Varianten schmecken natürlich auch warm.

Kuchen ohne Teig
APFEL-ZIMT

Zubereitung 30 Minuten/ Backzeit 50 Minuten
Runde Backform Ø 24 cm (auslaufsicher)

3 Eier
80 g + 20 g Rohrzucker
50 g mild gesalzene,
    zerlassene Butter

1 TL Zimt
120 g Mehl
150 ml Vollmilch
1,2 kg Äpfel

Den Ofen auf 180 °C vorheizen.

Die Eier mit 80 g Zucker aufschlagen. Die zerlassene Butter, dann den Zimt und das Mehl unter kräftigem Rühren hinzufügen, bis eine sämige, glatte Masse entsteht.
Nach und nach die Milch einrühren.

Die Äpfel waschen, schälen und vierteln. Das Kernhaus entfernen. Die Apfelviertel mit einem Gemüsehobel oder einem scharfen Messer der Länge nach in 1 mm dünne Scheiben hobeln oder schneiden. Die geschnittenen Äpfel in den Teig geben.

Eine Springform ausbuttern und mit 20 g Rohrzucker ausstreuen, dann die Mischung hineingießen. In den vorgeheizten Ofen schieben und 50 Minuten backen.
Der Kuchen sollte vollständig auskühlen, bevor Sie ihn aus der Form nehmen.

Kuchen (fast) ohne Teig
BIRNE-VANILLE

Zubereitung 30 Minuten / Backzeit 50 Minuten
Kastenform 24 x 10 cm

120 ml Vollmilch
1 Vanilleschote
3 Eier
80 g + 20 g Rohrohrzucker

50 g zerlassene, mild
   gesalzene Butter
140 g Mehl
1,2 kg Birnen

Den Backofen auf 200 °C vorheizen.

Die Milch zusammen mit der aufgeschnittenen Vanilleschote in einem Topf erhitzen. Vom Feuer nehmen und möglichst eine Stunde ziehen lassen.

Die Eier mit 80 g Rohrzucker aufschlagen. Die zerlassene Butter und dann das Mehl unter kräftigem Rühren untermengen, bis ein glatter Teig entsteht. Die Vanilleschote aus der Milch entfernen und die Milch nach und nach in die Masse einrühren.

Die Birnen waschen, schälen und vierteln. Die Kernhäuser entfernen. Die Birnenviertel mit dem Gemüsehobel oder einem scharfen Messer der Länge nach in 1 mm dünne Scheiben hobeln oder schneiden. Die Birnenscheiben in den Teig geben.

Eine Springform ausbuttern und mit 20 g Rohrzucker ausstreuen, dann die Mischung hineingießen. Im vorgeheizten Ofen 50 Minuten backen. Der Kuchen sollte vollständig auskühlen, bevor Sie ihn aus der Form nehmen.

Kuchen (fast) ohne Teig
APFEL-BIRNE

Zubereitung 30 Minuten
Backzeit 50 Minuten
Runde Backform Ø 24 cm
(auslaufsicher)

3 Eier
80 g + 20 g Rohrzucker
50 g zerlassene, mild
   gesalzene Butter
130 g Mehl
120 ml Vollmilch
600 g Birnen
600 g Äpfel

DEKORATION
2 Äpfel
Zitronensaft
flüssiges Karamell

Die Eier mit 80 g Rohrzucker schaumig schlagen. Die zerlassene Butter und dann das Mehl unter kräftigem Schlagen hinzufügen, bis eine homogene Masse entstanden ist. Nach und nach die Milch unterrühren.

Birnen und Äpfel waschen, schälen und vierteln. Kerngehäuse und Kerne herausschneiden. Die Obstviertel mit Hilfe eines Gemüsehobels oder eines scharfen Messers der Länge nach in 1 mm dünne Scheiben hobeln oder schneiden. Den Teig zu gleichen Teilen auf zwei Schüsseln verteilen. In die eine Schüssel die Apfelstücke, in die andere die Birnenstücke geben.

Die Backform ausbuttern und mit 20 g Rohrzucker ausstreuen. Den Apfelteig hineingießen. Anschließend den Birnenteig darüber geben. In den auf 180 °C vorgeheizten Backofen schieben und 50 Minuten backen. Der Kuchen solle vollkommen erkalten, bevor Sie ihn aus der Form nehmen.

Backofen auf 100 °C vorheizen. Zwei Äpfel in Scheiben schneiden und auf einem mit Backpapier ausgelegten Backblech verteilen. Mit Zitronensaft beträufeln, um zu verhindern, dass die Schnittflächen der Äpfel braun anlaufen. Für 1 Stunde und 30 Minuten in den Ofen schieben. Den Kuchen mit den getrockneten Apfelscheiben belegen und mit flüssigem Karamell überziehen.

Kuchen (fast) ohne Teig
APFEL-SCHOKO-KARAMELL

Zubereitung 30 Minuten
Backzeit 50 Minuten
Runde Backform Ø 24 cm
(auslaufsicher)

3 Eier
50 g + 20 g Rohrzucker
50 g zerlassene, mild
   gesalzene Butter
130 g Mehl
120 ml Vollmilch
15 g Kakaopulver
70 ml Karamellsirup
1,2 kg Äpfel

DEKO
Raspelschokolade zartbitter
Karamellsirup

Die Eier mit 50 g Rohrzucker schaumig schlagen. Die zerlassene Butter und anschließend das Mehl unter kräftigem Rühren hinzufügen, bis ein glatter Teig entstanden ist. Nach und nach unter Rühren mit der Milch verdünnen.

Den Teig zu gleichen Teilen auf zwei Gefäße verteilen. Das Kakaopulver in den einen, das flüssige Karamell in den anderen Teig einrühren.

Die Äpfel waschen, schälen und vierteln. Kerngehäuse und Kerne entfernen. Die Viertel mit dem Gemüsehobel (Mandoline) oder mit einem scharfen Messer in 1 mm dünne Scheiben hobeln oder schneiden. Die Hälfte der Apfelscheiben unter den Kakaoteig, die andere Hälfte unter den Karamellteig heben.

Eine Backform ausbuttern und mit 20 g Rohrzucker ausstreuen. Die Kakaomasse hineinfüllen. Die Karamellmasse darüber geben. In dem auf 180 °C vorgeheizten Backofen 50 Minuten backen. Bevor Sie den Kuchen aus der Form nehmen, sollte er vollkommen ausgekühlt sein. Mit Karamellsirup überziehen und mit Raspelschokolade bestreuen.

Kuchen (fast) ohne Teig
APFEL-HONIG

Zubereitung 30 Minuten
Backzeit 50 Minuten
Kastenform 24 x 10 cm

3 Eier
90 g flüssiger Honig
50 g zerlassene, mild
    gesalzene Butter
80 g Mehl
70 g geriebene Haselnüsse
150 ml Vollmilch
1,2 kg Äpfel
20 g Rohrzucker

DEKO
ganze Haselnüsse

Den Backofen auf 180 °C vorheizen.

Die Eier mit dem flüssigen Honig aufschlagen. Die zerlassene Butter und dann das Mehl sowie die geriebenen Haselnüsse zu einem glatten Teig verarbeiten. Den Teig unter Rühren langsam mit der Milch verdünnen.

Äpfel waschen, schälen und in Viertel teilen. Kerngehäuse ausschneiden. Die Apfelviertel mit dem Gemüsehobel oder einem scharfen Messer der Länge nach in 1 mm dünne Scheiben hobeln oder schneiden. Die Apfellamellen unter den Teig heben.

Die Kastenform ausbuttern und mit 20 g Rohrzucker ausstreuen. Den Teig einfüllen. In den vorgeheizten Backofen geben und 50 Minuten backen. Erkalten lassen und aus der Form stürzen. Die Haselnüsse in einer Pfanne ohne Fett leicht rösten. Den Kuchen mit ganzen Haselnüssen verzieren.

Kuchen ohne Teig
BIRNE-SCHOKOLADE

Zubereitung 30 Minuten
Backzeit 50 Minuten
Runde Backform Ø 24 cm
(auslaufsicher)

3 Eier
80 g + 20 g Rohrzucker
60 g zerlassene, mild
   gesalzene Butter,
100 g Mehl
30 g Kakaopulver
120 ml Vollmilch
1,2 kg Birnen

DEKO
2 Birnen
Raspelschokolade zartbitter

Den Backofen auf 200 °C vorheizen.

Die Eier mit 80 g Rohrzucker schaumig schlagen. Die zerlassene Butter, dann das Mehl und das Kakaopulver hinzufügen und kräftig zu einem homogenen Teig verrühren. Anschließend unter weiterem Rühren nach und nach mit der Milch verdünnen.

Die Birnen waschen, schälen und vierteln. Die Kerngehäuse entfernen. Die Birnenviertel mit einem Gemüsehobel oder einem scharfen Messer der Länge nach in 1 mm dünne Scheiben hobeln oder schneiden. Die Birnenschnitten in den Teig geben.

Eine runde Backform ausbuttern und mit 20 g Rohrzucker ausstreuen. Die Birnen-Teig-Mischung hineingießen. Im vorgeheizten Backofen 50 Minuten backen. Völlig auskühlen lassen. Erst dann aus der Form nehmen.

Mit dünnen Birnenscheiben und Raspelschokolade verzieren.

Kuchen (fast) ohne Teig
BIRNE-KARAMELLKEKS

Zubereitung 30 Minuten
Backzeit 50 Minuten
Runde Backform Ø 24 cm
(auslaufsicher)

3 Eier
80 g Zucker
50 g zerlassene, mild
   gesalzene Butter
100 g Mehl
120 g Spekulatiuscreme
   (als Brotaufstrich im Glas
   erhältlich, z. B. Biscoff
   von Lotus)
150 ml Vollmilch
1,2 kg Birnen
30 g Rohrzucker

DEKO
1 Birne
1 Karamellkeks (z.B. von Lotus)

Den Backofen auf 200 °C vorheizen.

Die Eier mit dem Zucker schaumig rühren. Die zerlassene Butter, anschließend die Spekulatiuscreme und das Mehl kräftig einarbeiten, bis ein glatter Teig entstanden ist. Nach und nach mit der Milch verdünnen.

Die Birnen waschen, schälen und vierteln. Kerngehäuse und Kerne entfernen. Die Birnenviertel mit einem Gemüsehobel oder einem scharfen Messer der Länge nach in 1 mm dünne Scheiben hobeln oder schneiden. Die Birnenscheiben unter den Teig heben.

Die Form ausbuttern und mit 20 g Rohrzucker ausstreuen. Die Birnen-Teig-Mischung hineinfüllen. Die Teigoberfläche mit 10 g Rohrzucker bestreuen, um die Oberfläche zu karamellisieren. Im vorgeheizten Backofen 50 Minuten backen. Erst nach dem vollständigen Erkalten aus der Form nehmen.

Für die Dekoration die Birne waschen, schälen und vierteln. Die Viertel der Länge nach in dünne Scheiben schneiden und den Kuchen damit belegen. Den Karamellkeks zerbröseln und über die Birnenscheiben streuen.

Kuchen (fast) ohne Teig
APFEL-BIRNE-NOUGAT

Zubereitung 30 Minuten
Backzeit 50 Minuten
Runde Backform Ø 24 cm
(auslaufsicher)

3 Eier
50 g Zucker
30 g zerlassene, mild
    gesalzene Butter
60 g Pralinécreme
    (ersatzweise geschmolzener
    dunkler Nougat)
70 g Mehl
150 g Vollmilch
500 g Äpfel
500 g Birnen
20 g Rohrzucker

DEKO
100 g Zucker
20 g ganze Haselnüsse

Die Eier mit dem Zucker schaumig schlagen. Die zerlassene Butter, dann die Pralinécreme und schließlich das Mehl kräftig einarbeiten, bis ein homogener Teig entstanden ist. Zum Verdünnen portionsweise die Milch einrühren.

Äpfel und Birnen waschen, schälen, vierteln und entkernen. Die einzelnen Viertel mit einem Gemüsehobel oder einem scharfen Messer der Länge nach in 1 mm dünne Scheiben hobeln oder schneiden. Die Obstlamellen unter den Teig heben.

Diese Mischung in eine gebutterte und mit 20 g Rohrzucker ausgestreute, runde Springform geben. In dem auf 190 °C vorgeheizten Backofen 50 Minuten backen. Erst nach dem vollständigen Auskühlen aus der Form nehmen.

100 g Zucker schmelzen, bis er zu karamellisieren beginnt, dann den Topfboden schnell in kaltes Wasser tauchen. Die Haselnüsse auf Cocktailspießchen stecken und in das Karamell tauchen. Überschüssige Glasur abtropfen lassen. Ist das Karamell fest, die Haselnüsse auf den Kuchen stellen.

Kuchen (fast) ohne Teig
APFEL-KAFFEE

Zubereitung 30 Minuten
Backzeit 50 Minuten
Kastenform 24 x 10 cm

50 ml Vollmilch
30 g Löslicher Kaffee
   (Instantkaffee)
3 Eier
80 g Zucker
50 g zerlassene, mild
   gesalzene Butter
100 g Mehl
125 g Mascarpone
1,2 kg Äpfel
20 g Rohrzucker

DEKO
Kakaopulver

Die Milch mit dem Instantkaffee erhitzen, bis sich der Kaffee aufgelöst hat.

Die Eier mit dem Zucker aufschlagen. Zerlassene Butter und dann das Mehl unter kräftigem Rühren dazugeben. In die glatte Masse den Mascarpone einarbeiten. Den Milchkaffee zum Verdünnen nach und nach dazugeben.

Die Äpfel waschen, schälen und vierteln. Die Kerngehäuse entfernen. Die Apfelschnitze mit dem Gemüsehobel oder einem scharfen Messer der Länge nach in 1 mm dünne Scheiben hobeln oder schneiden. Die Apfelstücke unter den Teig heben.

Die Teigmischung in eine gebutterte und mit 20 g Rohrzucker bestreute Kastenform gießen. In dem auf 180 °C vorgeheizten Ofen 50 Minuten backen. Nach dem Auskühlen aus der Form stürzen. Mit Kakaopulver bestreuen.

Kuchen (fast) ohne Teig
APFEL-RHABARBER

Zubereitung 50 Minuten / Backzeit 50 Minuten / Ziehzeit 24 h
Runde Backform Ø 24 cm (auslaufsicher)

500 g Rhabarber
50 g Zucker,
3 Eier
50 g + 20 g Rohrzucker
50 g zerlassene Salzbutter
150 g Mehl

150 ml Vollmilch
500 g Äpfel

STREUSEL
100 g Mehl + 20 g gemahlene
    Mandeln + 100 g Zucker +
    75 g Butter

Rhabarberstängel waschen, schälen und in 10 cm lange Stücke teilen. Anschließend die Abschnitte der Länge nach in feine Scheiben schneiden. Den zubereiteten Rhabarber in ein Sieb legen, mit 50 g Zucker bestreuen und 24 Stunden ziehen und abtropfen lassen.

Die Eier mit 50 g Rohrzucker aufschlagen. Die zerlassene Butter und dann das Mehl unter kräftigem Rühren einarbeiten, bis ein glatter Teig entstanden ist. Zum Verdünnen portionsweise die Milch einrühren.

Die geschälten Apfelviertel in 1 mm dünne Scheiben hobeln. Den Teig zu gleichen Teilen in zwei Gefäße füllen. In das eine die Apfel- und in das andere die Rhabarberlamellen geben. Den Rhabarberteig in eine gebutterte und mit 20 g Rohrzucker ausgestreute Form füllen. Den Apfelteig darüber geben. Im auf 180 °C vorgeheizten Backofen 30 Minuten backen

Mit den Fingern die Zutaten für die Streusel schnell zu einem krümeligen Teig vermengen. Auf dem Kuchen verteilen und für weitere 20 Minuten backen.

Kuchen (fast) ohne Teig
APFEL-ZITRONE-HEIDELBEERE

Zubereitung 30 Minuten
Backzeit 50 Minuten
Runde Backform Ø 24 cm
(auslaufsicher)

2 Eier
90 g Zucker
40 g zerlassene, mild
  gesalzene Butter
120 g Mehl
abgeriebene Schale und Saft
  von 1 Zitrone
80 ml Vollmilch
800 g Äpfel
20 g + 10 g Rohrzucker
150 g Heidelbeeren

DEKO
100 g Heidelbeeren
1 Zitrone (Zesten)

Den Backofen auf 180 °C vorheizen. Die Eier mit dem Zucker schaumig schlagen. Die zerlassene Butter, dann das Mehl und die abgeriebene Zitronenschale kräftig zu einem glatten Teig verrühren. Portionsweise unter Rühren die Milch und den Saft einer halben Zitrone einarbeiten.

Die Äpfel waschen, schälen, vierteln und entkernen. Die Apfelviertel anschließend mit einem Gemüsehobel oder einem scharfen Messer der Länge nach in 1 mm dünne Scheiben hobeln oder schneiden. Die Äpfel unter den Teig mischen.

Die Hälfte des Teiges in eine gebutterte und mit 20 g Zucker ausgestreute Form geben. Mit einer Lage Heidelbeeren bedecken. Den restlichen Teig darüber gießen. Mit 10 g Rohrzucker bestreuen. Im vorgeheizten Backofen 50 Minuten backen. Gut auskühlen lassen. Anschließend aus der Form nehmen, mit Heidelbeeren und den Zesten einer Zitrone verzieren.

Kuchen (fast) ohne Teig
ANANAS-KOKOS

Zubereitung 30 Minuten / Backzeit 1 Stunde
Kastenform 24 x 10 cm

3 Eier
90 g + 20 g Rohrzucker
60 g zerlassene Salzbutter
120 g Mehl
70 g Kokosraspeln
80 ml Vollmilch
50 ml Kokosmilch
1 kg Ananasscheiben, aus Glas oder Dose

Den Ofen auf 200 °C vorheizen. Die Eier mit 90 g Rohrzucker schaumig schlagen. Mit der zerlassenen Butter, dem Mehl und den Kokosraspeln durch kräftiges Rühren zu einem glatten, dickflüssigen Teig verarbeiten. Portionsweise mit der Milch und der Kokosmilch verdünnen.

Die Ananasscheiben einmal durchschneiden. Die dünnen Scheiben in den Teig geben.

Die Teigmischung in eine gebutterte, mit 20 g Rohrzucker ausgestreute Kastenform füllen. Im vorgeheizten Ofen 1 Stunde backen. Erkalten lassen und aus der Form stürzen.

Kuchen (fast) ohne Teig
MANGO

Zubereitung 30 Minuten / Backzeit 50 Minuten
Tarteform Ø 24 cm

100 ml Vollmilch
1 Vanilleschote
1 Mürbteig (Kühlregal)
2 Eier
60 g Zucker
40 g zerlassene Salzbutter

100 g Mehl
1 EL Rum
2 große Mangos (1,2 kg)

DEKO
1 Mango, 1 Passionsfrucht

Die Milch mit der aufgeschnittenen Vanilleschote erhitzen. Vom Feuer nehmen und möglichst 1 Stunde ziehen lassen. Bei Zeitmangel sofort verwenden.

Backofen auf 180 °C vorheizen. Die Tarteform mit dem Mürbteig auslegen und 15 Minuten vorbacken.

Die Eier mit dem Zucker aufschlagen. Die zerlassene Butter, dann das Mehl kräftig einarbeiten, bis ein glatter Teig entstanden ist. Portionsweise mit der Milch (Vanilleschote vorher entfernen) verdünnen. Den Rum angießen.

Die Mangos waschen, schälen und der Länge nach mit einem Gemüsehobel oder einem scharfen Messer in 2 mm dünne Scheiben hobeln oder schneiden. Die Scheiben in den Eierteig geben.

Die Mango-Teig-Mischung auf den vorgebackenen Mürbteigboden geben. 50 Minuten backen. Völlig auskühlen lassen. Aus der Form nehmen. Mit Mangoscheiben und dem Passionsfruchtfleisch verzieren.

Versunkene Muffins
BANANE-KARAMELL

Zubereitung 30 Minuten
Backzeit 45 Minuten
Muffinformen Ø 7 cm

2 Eier
70 ml Karamellsirup
30 g zerlassene, mild
   gesalzene Butter
70 g Mehl
100 ml Vollmilch
5 Bananen (800 g)
20 g Rohrzucker

DEKO
1/2 Banane
Karamellsirup

Die Eier mit dem flüssigen Karamell aufschlagen. Mit der zerlassenen Butter und dem Mehl zu einem glatten Teig verarbeiten. Schließlich nach und nach mit der Milch verdünnen.

Bananen schälen und quer mit dem Gemüsehobel oder einem scharfen Messer in 2 mm dünne Scheiben hobeln oder schneiden. Die Bananenscheiben in den Teig versenken.

Die Bananenteigmischung in gebutterte und mit 20 g Rohrzucker ausgestreute Muffinformen füllen. Als Deko einige Bananenscheiben auf jede Muffinform legen. In dem auf 180 °C vorgeheizten Backofen 45 Minuten backen. Gut auskühlen lassen, bevor sie aus der Form genommen werden. Mit Karamellsirup begießen.

Kuchen (fast) ohne Teig
PFIRSICH-MANDEL

Zubereitung 30 Minuten
Backzeit 1 Stunde
Runde Form Ø 24 cm
(auslaufsicher)

3 Eier
80 g Zucker
60 g zerlassene, mild
   gesalzene Butter
70 g Mehl
90 g gemahlene Mandeln
150 ml Vollmilch
1,2 kg Pfirsiche
20 g Rohrzucker

DEKO
30 g Mandelblätter
Puderzucker

Den Backofen auf 190 °C vorheizen. Die Eier mit dem Zucker schaumig schlagen. Die zerlassene Butter, das Mehl und die gemahlenen Mandeln dazugeben und zu einem glatten Teig verarbeiten. Portionsweise unter Rühren mit der Milch verdünnen.

Die Pfirsiche waschen, schälen, vierteln, und den Kern entfernen. Die Pfirsichviertel der Länge nach mit einem Gemüsehobel oder einem scharfen Messer in 2 mm dünne Scheiben hobeln oder schneiden. Die Pfirsichscheiben in den Teig geben.

Die Teigmischung in eine gebutterte und mit 20 g Rohrzucker ausgestreute Form füllen. Im vorgeheizten Backofen 1 Stunde backen. Erst aus der Form nehmen, wenn der Kuchen völlig ausgekühlt ist.

Mandelblätter 5 Minuten in einer Pfanne leicht rösten. Über den Kuchen streuen und mit Puderzucker bestäuben.

Kuchen (fast) ohne Teig
HIMBEERE-ERDNUSS

Zubereitung 30 Minuten
Backzeit 50 Minuten
Runde Backform Ø 24 cm
(auslaufsicher)

3 Eier
60+30 g Rohrzucker
100 g Erdnussbutter
100 g Mehl
1 Prise Salz
150 ml Vollmilch
1 kg Äpfel
200 g Himbeeren

DEKO
einige Himbeeren
Puderzucker

Den Ofen auf 180 °C vorheizen. Die Eier mit 60 g Rohrzucker schaumig schlagen. Die Erdnussbutter, dann das Mehl und das Salz hinzufügen. Kräftig einarbeiten, bis ein glatter, dickflüssiger Teig entsteht. Nach und nach mit der Milch verdünnen und glatt rühren.

Die Äpfel waschen, schälen und vierteln. Die Kerngehäuse entfernen. Die Apfelviertel der Länge nach mit dem Gemüsehobel oder einem scharfen Messer in 1 mm dünne Scheiben hobeln oder schneiden. Die Apfelscheiben in den Teig geben.

Die Hälfte des Teiges in eine gebutterte und mit 20 g Rohrzucker ausgestreute Form füllen. Mit einer Lage Himbeeren bedecken. Anschließend den restlichen Teig darübergeben. Mit 10 g Rohrzucker bestreuen. Im vorgeheizten Ofen 50 Minuten backen. Nach dem Erkalten aus der Form nehmen. Mit einigen Himbeeren verzieren und mit Puderzucker bestreuen.

Kuchen (fast) ohne Teig
KAROTTENKUCHEN

Zubereitung 30 Minuten
Backzeit 1 Stunde
Runde Backform Ø 24 cm
(auslaufsicher)

160 ml Vollmilch
1 Vanilleschote
3 Eier
80 + 20 g Rohrzucker
50 g zerlassene, mild
   gesalzene Butter
2 TL Viergewürz (Quatre
   Epices, ersatzweise Piment)
160 g Mehl
1 kg Karotten

DEKO
Walnüsse
Schlagsahne

Den Ofen auf 200 °C vorheizen. Die Milch zusammen mit der aufgeschnittenen Vanilleschote in einer Kasserolle erhitzen. Vom Herd nehmen und möglichst 1 Stunde ziehen lassen oder sofort verwenden.

Die Eier mit 80 g Rohrzucker schaumig schlagen. Die flüssige Butter, anschließend das Viergewürz und das Mehl unter kräftigem Rühren zu einem glatten Teig verarbeiten. Die Vanilleschote aus der Milch nehmen. Den Teig portionsweise mit der Milch verdünnen.

Karotten waschen und schälen. Mit einem Gemüsehobel oder einem scharfen Messer der Länge nach in 1 mm dünne Scheiben hobeln oder schneiden. Anschließend die Karotten unter den Teig heben.

Die Karottenteigmischung in eine gebutterte und mit 20 g Rohrzucker ausgestreute Form geben. Im vorgeheizten Ofen 1 Stunde backen. Erst nach dem Erkalten aus der Form nehmen. Die Walnüsse hacken und ohne Fett in einer Pfanne leicht anrösten. Den Kuchen mit Nüssen und Schlagsahne dekorieren.

Kuchen (fast) ohne Teig
KARTOFFEL-ZWIEBEL

Zubereitung 30 Minuten
Backzeit 1 Stunde 15 Minuten
Runde Backform Ø 24 cm
(auslaufsicher)

1 Zwiebel
1 Schalotte
1 EL Olivenöl
3 Eier
50 g zerlassene Butter
1,5 TL Salz
1/2 TL Pfeffer
1 TL geriebene Muskatnuss
120 g Mehl
150 ml Vollmilch
100 g + 20 g geriebener
  Gruyère
1 kg Kartoffeln

Ofen auf 190 °C vorheizen. Zwiebel und Schalotte schälen, klein hacken und 5 Minuten im Olivenöl glasig dünsten.

Die Eier mit der flüssigen Butter aufschlagen. Mit Salz, Pfeffer, Muskatnuss und Mehl zu einem glatten Teig verrühren. Portionsweise mit der Milch verdünnen. 100 g geriebenen Gruyère unterheben.

Kartoffeln waschen und schälen. Mit einem Gemüsehobel oder einem scharfen Messer der Länge nach in 1 mm dünne Scheiben schneiden und zusammen mit Zwiebeln und Schalotten in den Teig rühren.

Die Teigmischung in eine gebutterte Form füllen und mit 20 g geriebenem Gruyère bestreuen. Im vorgeheizten Backofen 1 Stunde 15 Minuten backen.

Kuchen (fast) ohne Teig
QUATRO FORMAGGI

Zubereitung 30 Minuten
Backzeit 1 Stunde 15 Minuten
Kastenform 24 x 10 cm

1 Zwiebel
1 EL Olivenöl
3 Eier
40 g zerlassene Butter
1 TL Salz
1/2 TL Pfeffer
120 g Mehl
150 ml Vollmilch
70 g geriebener Gruyère
50 g Parmesan
1 kg Kartoffeln
100 g Ziegenweichkäse (Rolle)
100 g Roquefort

Den Backofen auf 190 °C vorheizen. Zwiebel schälen und klein hacken. In einer Pfanne mit Olivenöl 5 Minuten andünsten.

Die Eier mit der flüssigen Butter aufschlagen. Salz, Pfeffer und Mehl kräftig einarbeiten, bis ein glatter Teig entsteht. Zum Verdünnen nach und nach die Milch einrühren. Den geriebenen Gruyère und den Parmesan unterheben.

Kartoffeln waschen und schälen. Mit einem Gemüsehobel oder einem scharfen Messer der Länge nach in 1 mm dünne Scheiben schneiden. Die Kartoffelscheiben und die Zwiebeln in den Teig geben.

Die Hälfte der Teigmischung in eine gebutterte Form gießen. Ziegenkäse und Roquefort zerbröseln und über den Teig in der Form verteilen. Anschließend mit dem restlichen Teig bedecken. In den vorgeheizten Backofen schieben und bei 190 °C 1 Stunde 15 Minuten backen.

Kuchen (fast) ohne Teig
RACLETTE

Zubereitung 30 Minuten
Backzeit 1 Stunde 15 Minuten
Runde Backform Ø 24 cm
(auslaufsicher)

1 Zwiebel
1 EL Olivenöl
3 Eier
40 g Butter, zerlassen
1 TL Salz
1/2 TL Pfeffer
120 g Mehl
150 ml Vollmilch
1 kg Kartoffeln
200 g Raclette
125 g roher Schinken

Den Ofen auf 190 °C vorheizen. Zwiebel schälen, klein hacken und in einer Pfanne mit dem Olivenöl 5 Minuten andünsten.

Die Eier mit der flüssigen Butter aufschlagen und Salz, Pfeffer und Mehl kräftig einrühren, bis ein glatter Teig entsteht. Nach und nach mit der Milch verdünnen.

Kartoffeln waschen und schälen. Mit einem Gemüsehobel oder einem scharfen Messer der Länge nach in 1 mm dünne Scheiben hobeln oder schneiden. Anschließend mit den Zwiebeln in den Teig geben.

Die Hälfte der Teigmischung in die gebutterte Form füllen. Die Raclette- und Schinkenscheiben darüber schichten. Den restlichen Teig einfüllen und in dem vorgeheizten Ofen bei 190 °C 1 Stunde 15 Minuten backen.

Kuchen (fast) ohne Teig
LAUCH-KARTOFFELN

**Zubereitung 30 Minuten / Backzeit 1 Stunde 15 Minuten
Kastenform 24 x 10 cm**

1 Schalotte
3 Stangen Lauch (500 g)
1 EL Olivenöl
3 Eier
50 g Butter, zerlassen
1,5 TL Salz
1/2 TL Pfeffer

1,5 TL geriebene Muskatnuss
120 g Mehl
150 ml Vollmilch
70 g + 20 g Gruyère,
  gerieben
500 g Kartoffeln

Den Ofen auf 180 °C vorheizen. Die Schalotte schälen und klein hacken. Die Lauchstangen waschen und in dünne Ringe schneiden. Beide zusammen 5 Minuten in einer Pfanne in Olivenöl andünsten.

Die Eier mit der flüssigen Butter aufschlagen. Salz, Pfeffer, Muskatnuss und das Mehl kräftig einarbeiten. Nach und nach die Vollmilch einrühren. 70 g Gruyère dazu geben. Den Teig zu gleichen Teilen auf zwei Gefäße verteilen.

Die Kartoffeln waschen und schälen. Mit einem Gemüsehobel oder einem scharfen Messer der Länge nach in 1 mm dünne Scheiben schneiden. Die Kartoffelscheiben in das eine und die Zwiebel-Lauchmischung in das andere Gefäß mit Teig geben. Die Kartoffel-Teig-Mischung in die gebutterte Kastenform und die Lauch-Teig-Mischung darüber füllen. Mit 20 g geriebenem Gruyère bestreuen. Im vorgeheizten Ofen bei 180 °C 1 Stunde 15 Minuten backen.

Kuchen (fast) ohne Teig
PESTO

Zubereitung 30 Minuten
Backzeit 1 Stunde 30 Minuten
Kastenform 24 x 10 cm

3 Eier
150 g Basilikum-Pesto
20 ml Olivenöl
1 TL Salz
1/2 TL Pfeffer
120 g Mehl
100 ml Vollmilch
100 g geriebener Gruyère
1 kg Kartoffeln
200 g getrocknete Tomaten

DEKO
Kirschtomaten
Basilikum
Parmesan

Den Ofen auf 180 °C vorheizen. Die Eier mit dem Pesto und Olivenöl aufschlagen. Mit Salz, Pfeffer und Mehl zu einem homogenen Teig verarbeiten. Nach und nach mit der Milch verdünnen. Den Gruyère unterheben.

Kartoffeln waschen und schälen. Mit einem Gemüsehobel oder einem scharfen Messer der Länge nach in dünne Scheiben hobeln oder schneiden. Unter den Teig mischen.

Ein Drittel der Teigmischung in eine gebutterte Form füllen und mit einer Lage getrockneter Tomaten bedecken. Den Vorgang wiederholen und mit einer Schicht Kartoffeln abschließen. Im vorgeheizten Ofen 1 Stunde 30 Minuten backen. Mit Kirschtomaten, Basilikumblättern und geriebenem oder gehobeltem Parmesan verzieren.

Kuchen (fast) ohne Teig
ZUCCHINI-PARMESAN

Zubereitung 30 Minuten
Backzeit 1 Stunde
Runde Backform Ø 24 cm
(auslaufsicher)

3 Eier
40 ml Olivenöl
1 TL Salz
1/2 TL Pfeffer
1 TL gehackte Basilikumblätter
100 g Mehl
100 ml Vollmilch
50 g + 20 g geriebener
    Parmesan
1 kg Zucchini

Den Ofen auf 190 °C vorheizen. Die Eier mit dem Olivenöl aufschlagen. Salz, Pfeffer, Basilikum und das Mehl kräftig einarbeiten. Den glatten Teig portionsweise unter Rühren mit der Milch verdünnen und 50 g Parmesan hinzufügen.

Die Zucchini waschen und schälen. Mit einem Gemüsehobel oder einem scharfen Messer der Länge nach in 1 mm dünne Scheiben schneiden. In den Teig geben.

Die Mischung in eine gebutterte Springform füllen und mit 20 g Parmesan bestreuen. In den vorgeheizten Ofen schieben und bei 190 °C 1 Stunde backen.

Kuchen (fast) ohne Teig
ZUCCHINI-CHEDDAR

**Zubereitung 30 Minuten /
Backzeit 1 Stunde 15 Minuten
Kastenform 24 x 10 cm**

1 Zwiebel	1/2 TL Pfeffer
1 Knoblauchzehe	120 g Mehl
1 EL Olivenöl	150 ml Vollmilch
3 Eier	3 Zucchini
40 g flüssige Butter	500 g Kartoffeln
1 TL Salz	200 g Cheddar

Zwiebel und den Knoblauch schälen und hacken. Beide
5 Minuten in einer Pfanne im Olivenöl andünsten.

Die Eier mit der zerlassenen Butter aufschlagen. Salz, Pfeffer
und Mehl gründlich einarbeiten, bis ein glatter Teig entsteht.
Nach und nach mit der Milch unter Rühren verdünnen.

Zucchini und Kartoffeln waschen und schälen. Mit einem
Gemüsehobel oder einem scharfen Messer der Länge nach
in 1 mm dünne Scheiben hobeln oder schneiden. Die Kartof-
fel- und Zucchinischeiben mit Knoblauch und Zwiebeln
unter den Teig geben. Den Cheddar würfeln und unterheben.

Den Teig in eine gebutterte Kastenform füllen und im vorgeheizten Ofen bei 180 °C 1 Stunde 15 Minuten backen.

Muffins (fast) ohne Teig
KAROTTE-KUMIN

Zubereitung 30 Minuten
Backzeit 40 Minuten
Muffinformen Ø 7 cm

2 Eier
30 g Butter, zerlassen
1 TL Salz
1/2 TL Pfeffer
2 TL Kreuzkümmel (Kumin)
70 g Mehl
100 ml Vollmilch
50 g Gruyère, gerieben
500 g Karotten
40 g Parmesan, gerieben

Die Eier mit der flüssigen Butter aufschlagen. Salz, Pfeffer, Kreuzkümmel und das Mehl kräftig einrühren. Den glatten Teig unter Rühren nach und nach mit der Milch verdünnen und den Gruyère dazugeben.

Die Karotten waschen und schälen. Mit einem Gemüsehobel, Mandoline, oder einem scharfen Messer der Länge nach in 1 mm dünne Scheiben schneiden. Die Karotten in den Teig geben.

Die Teigmischung in gebutterte Muffinformen füllen und mit 40 g Parmesan bestreuen. Im vorgeheizten Ofen bei 180 °C 40 Minuten backen.

Versunkene Muffins
CHAMPIGNON

Zubereitung 30 Minuten /
Backzeit 40 Minuten
Muffinformen Ø 7 cm

CHAMPIGNONS
350 g weiße Champignons
1 Schalotte
1 Knoblauchzehe
2 TL Petersilie, gehackt
1 Prise Salz
1 Prise Pfeffer
1 EL Olivenöl

KUCHENTEIG
2 Eier
30 g Butter, zerlassen
1 TL Salz
1/2 TL Pfeffer
70 g Mehl
100 ml Vollmilch
50 g Gruyère, gerieben
40 g Parmesan, gerieben

Den Backofen auf 180 °C vorheizen. Champignons putzen und in dünne Scheiben schneiden. Schalotte und Knoblauchzehe schälen und hacken. Zusammen mit den Pilzen, Petersilie, Salz und Pfeffer in einer Pfanne 5 Minuten in Olivenöl anschwitzen.

Die Eier mit der flüssigen Butter aufschlagen. Salz, Pfeffer und Mehl kräftig einrühren, bis ein glatter Teig entsteht. Zum Verdünnen portionsweise die Milch hinzufügen. Dann den geriebenen Gruyère und die gedünstete Champignonmischung hinzufügen.

Die Masse in gebutterte Muffinformen füllen und mit Parmesan bestreuen. Im vorgeheizten Backofen 40 Minuten backen.

Kuchen (fast) ohne Teig
KÜRBIS-COMTÉ

Zubereitung 30 Minuten / Backzeit 1 Stunde
Runde Backform Ø 24 cm (auslaufsicher)

3 Eier
60 g Butter, zerlassen
1 TL Salz
1/2 TL Pfeffer
1 Strauß Petersilie, gehackt
120 g Mehl
120 ml Vollmilch
200 g Comté
1 kg Kürbis, ohne Schale und Kerne

Den Ofen auf 180 °C vorheizen. Die Eier mit der flüssigen Butter aufschlagen. Mit Salz, Pfeffer, Petersilie und Mehl unter kräftigem Rühren zu einem glatten Teig verarbeiten. Nach und nach mit der Milch verdünnen. Den Comté würfeln und dazugeben.

Die Kürbisschnitze mit dem Gemüsehobel oder einem scharfen Messer der Länge nach in 2 mm dünne Scheiben schneiden. Das Kürbisfleisch unter den Teig mengen.

Die Teigmischung in die gebutterte Springform füllen. Im vorgeheizten Ofen 1 Stunde backen.

Kuchen (fast) ohne Teig

PASTINAKE-HASELNUSS

Zubereitung 30 Minuten
Backzeit 1 Stunde 15 Minuten
Viereckige Backform:
20 x 20 cm (oder runde Form
Ø 24 cm)

2 Schalotten
1 EL Olivenöl
3 Eier
60 g Butter, zerlassen
1 TL Salz
1/2 TL Pfeffer
80 g Mehl
50 g gemahlene Haselnüsse
180 ml Vollmilch
100 g Gruyère, gerieben
800 g Pastinaken

Den Ofen auf 180 °C vorheizen. Die Schalotten schälen und klein hacken. In einer Pfanne in Olivenöl 5 Minuten anschwitzen.

Die Eier mit der flüssigen Butter aufschlagen. Salz, Pfeffer, Mehl und die gemahlenen Haselnüsse kräftig einrühren, damit eine glatte Masse entsteht. Portionsweise die Milch und schließlich den Gruyère hinzufügen.

Die Pastinaken waschen und schälen. Mit dem Gemüsehobel oder einem scharfen Messer der Länge nach in 1 mm dünne Scheiben schneiden. Die Pastinaken und die Schalotten unter den Teig heben.

Die Teigmischung in eine gebutterte Backform füllen und im vorgeheizten Ofen 1 Stunde 15 Minuten backen.

Kuchen (fast) ohne Teig
SÜSSKARTOFFELN-CURRY

Zubereitung 30 Minuten
Backzeit 50 Minuten
Kastenform 24 x 10 cm

2 Zwiebeln
1 EL Olivenöl
3 Eier
50 g Butter, zerlassen
1 TL Salz
1/2 TL Pfeffer
1,5 TL Curry
120 g Mehl
150 ml Vollmilch
70 g + 20 g Gruyère, gerieben
800 g Süßkartoffeln

Den Ofen auf 180 °C vorheizen. Die Zwiebeln schälen und klein hacken. In einer Pfanne in Olivenöl 5 Minuten anschwitzen.

Die Eier mit der flüssigen Butter aufschlagen. Mit Salz, Pfeffer, Curry und Mehl unter kräftigem Rühren zu einem glatten Teig verarbeiten. Nach und nach die Milch sowie 70 g Gruyère dazugeben.

Die Süßkartoffeln waschen und schälen. Mit einem Gemüsehobel oder einem scharfen Messer der Länge nach in 2 mm dünne Scheiben schneiden. Die Süßkartoffeln und die gedünsteten Zwiebeln unter den Teig heben.

Den Süßkartoffelteig in eine gebutterte Kastenform füllen und mit 20 g geriebenem Gruyère bestreuen. In den vorgeheizten Ofen schieben und 50 Minuten backen.

Kuchen (fast) ohne Teig
BLUMENKOHL

Zubereitung 30 Minuten / Backzeit 50 Minuten
Kastenform 24 x 10 cm

1 Zwiebel
1 EL Olivenöl
3 Eier
60 g zerlassene Butter
1 TL Salz
1/2 TL Pfeffer
2 TL Muskatnuss, gerieben

100 g Mehl
120 ml Vollmilch
500 ml Sahne
1 EL Weißweinessig
150 g + 20 g Gruyère,
   gerieben
1 kleiner Blumenkohl (1 kg)

Die Zwiebel schälen und würfeln. In einer Pfanne in Olivenöl 5 Minuten anschwitzen.

Den Ofen auf 180 °C vorheizen.

Die Eier mit der flüssigen Butter aufschlagen. Mit Salz, Pfeffer, Muskatnuss und Mehl zu einem glatten Teig verarbeiten. Die Vollmilch, die Sahne und den Essig langsam und portionsweise einrühren. 150 g geriebenen Gruyère hinzufügen.

Den Blumenkohl waschen und die grünen Blätter entfernen. Den Blumenkohlkopf mit einem Gemüsehobel oder einem scharfen Messer von oben nach unten horizontal in 2 mm dünne Scheiben schneiden. Die Scheiben in den Teig legen.

Die Teigmischung in eine gebutterte Kastenform geben und im vorgeheizten Ofen 40 Minuten backen. Den Kuchen mit 20 g Gruyère bestreuen und noch einmal für 10 Minuten in den Backofen schieben.

Kuchen (fast) ohne Teig
AUBERGINE-MOZARELLA

Zubereitung 30 Minuten / Backzeit 1 Stunde
Kastenform 24 x 10 cm

1 Zwiebel
2 Auberginen (700 g)
1 EL + 30 ml Olivenöl
2 Eier
1 TL Salz

1/2 TL Pfeffer
80 g Mehl
100 ml Vollmilch
250 g Mozzarella

Den Ofen auf 180 °C vorheizen. Die Zwiebel schälen und klein hacken. Die Auberginen waschen. Einige 2 mm dünne, runde Scheiben quer abschneiden und beiseite stellen. Die restlichen Auberginen der Länge nach mit dem Gemüsehobel oder einem scharfen Messer in 2 mm dünne Scheiben schneiden. Diese zusammen mit den Zwiebeln in einer Pfanne 10 Minuten in einem EL Olivenöl anbraten.

Die Eier mit 30 ml Olivenöl aufschlagen. Salz, Pfeffer und Mehl kräftig unterrühren. Den glatten Teig nach und nach mit der Milch verdünnen. Die Auberginen und die Zwiebeln aus der Pfanne unterheben.

Die Hälfte der Teigmischung in eine gebutterte Form füllen. Den Mozzarella in 5 mm dicke Scheiben schneiden und über die Teigfüllung schichten. Den restlichen Teig darübergeben, die rohen Auberginenscheiben darüberlegen und den Kuchen 1 Stunde im vorgeheizten Backofen backen.

Versenkter Kuchen
KAROTTE-
WEISSE RÜBE

**Zubereitung 30 Minuten /
Backzeit 1 Stunde 15 Minuten
Kastenform 24 x 10 cm**

3 Eier
60 g Butter, zerlassen
1 TL Salz
1/2 TL Pfeffer
2 TL Curry
120 g Mehl

150 ml Vollmilch
100 g Gruyère, gerieben
500 g Weiße Rüben
500 g Karotten
+ 1 Karotte für die Deko

Den Ofen auf 190 °C vorheizen. Die Eier mit der flüssigen Butter aufschlagen. Salz, Pfeffer, Curry und das Mehl gründlich einarbeiten. Den glatten Teig nach und nach mit der Milch verdünnen. Den Gruyère einrühren. Den Teig zu gleichen Teilen auf zwei Gefäße verteilen.

Die Weißen Rübchen und die Karotten waschen und schälen. Mit einem Gemüsehobel oder einem scharfen Messer der Länge nach in 1 mm dünne Scheiben schneiden. Die Rüben in den einen und die Karotten in den anderen Teig geben.

Den Teig mit den Weißen Rüben in eine gebutterte Form füllen. Mit dem Karottenteig bedecken und in den vorgeheizten Ofen schieben. 1 Stunde 15 Minuten backen. Mit einer der Länge nach in dünne Scheiben gehobelten Karotte dekorieren.

Kuchen (fast) ohne Teig
LACHS-SPINAT

Zubereitung 30 Minuten
Backzeit 1 Stunde 15 Minuten
Runde Backform Ø 24 cm
(auslaufsicher)

500 g Blattspinat
3 Eier
50 g zerlassene Butter
1 Prise + 1 TL Salz
1/2 TL Pfeffer
2 TL gehackter Dill
120 g Mehl
120 ml Vollmilch
50 g geriebener Gruyère
800 g Kartoffeln
150 g geräucherter Lachs

STREUSEL
50 g Mehl
100 g gemahlene Haselnüsse
25 g Parmesan
75 g Butter

Den Backofen auf 180 °C vorheizen. Den Spinat entstielen, waschen und 1 Minute in kochendem Wasser mit einer Prise Salz blanchieren. Mit kaltem Wasser abschrecken und ausdrücken.

Die Eier mit der flüssigen Butter aufschlagen. 1 Teelöffel Salz, Pfeffer, Dill und das Mehl kräftig einrühren, bis ein glatter Teig entsteht. Nach und nach die Milch und schließlich den Gruyère dazu geben.

Die Kartoffeln waschen und schälen. Mit einem Gemüsehobel oder einem scharfen Messer der Länge nach in 1 mm dünne Scheiben schneiden. In den Teig mischen.

Die Hälfte der Teigmischung in eine gebutterte Springform füllen. Mit einer Schicht Spinat und darüber einer Schicht Lachs bedecken. Den restlichen Teig darüber geben. Im vorgeheizten Backofen 1 Stunde backen.

Das Mehl, die gemahlenen Haselnüsse, den Parmesan und die Butter mit den Fingerspitzen zu krümeligen Streuseln vermischen. Die Streusel auf dem Kuchen verteilen und alles erneut für 15 Minuten in den Backofen schieben.

DANKSAGUNG

Ich danke meinen Töchtern – noch immer große Fans von Mamas Kuchen.
Dank an das Team von Marabout für Rat und Tat und das entgegengebrachte Vertrauen.
Dank auch an Christine und David, ihr seid immer Spitze!
Und Dank an Matoj, den Superman im Hintergrund!

www.iletaitunefoislapatisserie.com

VERLAGSGRUPPE PATMOS

PATMOS
ESCHBACH
GRÜNEWALD
THORBECKE
SCHWABEN

Die Verlagsgruppe
mit Sinn für das Leben

Für die Schwabenverlag AG ist Nachhaltigkeit ein wichtiger Maßstab ihres Handelns. Wir achten daher auf den Einsatz umweltschonender Ressourcen und Materialien.

Alle Rechte vorbehalten
© der deutschen Übersetzung 2016 Jan Thorbecke Verlag
der Schwabenverlag AG, Ostfildern
www.thorbecke.de
© der Originalausgabe mit dem Titel
Gateaux invisibles 2015 Hachette Livre (Marabout)

Umschlaggestaltung: Finken und Bumiller, Stuttgart
Umschlagabbildung und Photographie: David Japy
Illustration: Rebecca Genet
Foodstyling: Christine Legeret
Satz: Schwabenverlag AG, Ostfildern
Gedruckt in China
ISBN 978-3-7995-1095-0 (Print)
ISBN 978-3-7995-1103-2 (eBook)